Dépôt légal : juin 2020
ISBN : 978-2-32223-494-3

Éditeur : BoD - Books on Demand
12/14 rond-point des Champs-Élysées - 75008 Paris - France

Thierry Velu

La Mascarade démasquée

Du même auteur

Sauveteurs de la dernière chance, éd. 2 Encres, 2003

Séismes et autres catastrophes : sommes-nous préparés ? éd. 2 Encres, 2005

26 décembre 2004, Tsunami, le jour où la mer a tué, éd. 2 Encres, 2005

Un monde plus juste pour demain... c'est possible, le sais-tu ?, éditions Henry

L'avenir, quel devenir ? L'homme face aux catastrophes naturelles, éd. 2 Encres, 2010

Si vous saviez ! La rue, une réalité, éd. 2 Encres, 2014

REMERCIEMENTS

Je tiens à remercier l'ensemble des personnes du GSCF qui se sont impliquées pendant ces semaines de confinement, pour venir en aide dans le cadre de nos opérations COVID-19.

Merci à tous nos partenaires et nos donateurs pour leur précieux soutien et leur confiance. Sans eux, rien ne serait possible.

Merci à Nathalie Costes pour ses conseils au cours de la rédaction de cet ouvrage.

Je vous invite à retrouver nos actions sur notre site Internet :

www.gscf.fr

COVID-19

**Du pouvoir à l'aveuglement économique,
au mépris de la vie humaine…**

Colère et incompréhension face à un désastre

AVANT-PROPOS

Gardons en mémoire ce qu'il vient de se produire en France avec cette crise sanitaire due au virus COVID-19 !

Pour ma part, je n'oublierai jamais les événements que nous avons vécus.

Comment la France, sixième puissance économique mondiale, a-t-elle pu en arriver là ? Comment avons-nous pu ignorer les alertes sur le virus, au point de n'avoir pour seul recours que le confinement afin de tenter d'enrayer l'épidémie ?

Comment avons-nous pu délaisser les soignants et abandonner les hôpitaux ?

Indigné, il me paraît utile, ce jour, de relater la chronologie des événements survenus en France avec la pandémie du virus COVID-19.

Ce livre pourrait être une fiction, malheureusement, les faits sont bien réels. Ils découlent de trois facteurs :

- L'aveuglement économique,

- Le pouvoir,

- Le manque de bons sens (ceci, au détriment de la vie humaine).

Le 7 mai 2017, après l'élection pour un mandat de cinq années d'Emmanuel Macron, nous avons entrevu une lueur d'espoir et, au vu des actions de ses prédécesseurs, espéré des changements.

Être élu reste une chose importante. L'homme qui se consacre à la politique est avant tout une personne ayant fait le choix de faire avancer son pays, mais aussi d'aider ses concitoyens à vivre mieux.

Les signes symboliques des premiers jours du mandat d'Emmanuel Macron auraient peut-être dû nous alerter. D'abord, avec le choix du palais du Louvre pour son intronisation, marchant seul jusqu'à la pyramide, puis au château de Versailles pour recevoir Vladimir Poutine, l'empereur du Japon ou 150 millionnaires *high-tech,* et enfin, au château de Chambord pour célébrer son 40e anniversaire.

Nous voici de retour au temps de la monarchie, celui des rois et au « moi, je ne lâche rien », comme il l'a évoqué le 21 novembre 2018 auprès des maires de France.

Pendant ce temps, on continue d'appauvrir les Français, on leur demande de traverser la route pour trouver un travail, on soutient par l'assistanat sans trouver de solutions à long terme, on abandonne les banlieues à leur sort, tant pis pour les pompiers agressés. Force n'est plus à la loi, mais au silence et à la politique de l'autruche, avec la complicité de certains médias.

Cependant, la crise sanitaire nous fait redécouvrir l'importance de certains métiers, **des métiers qui sont indispensables à notre vie quotidienne.** Si la France a tenu en cette période de confinement, c'est bien grâce aux personnels de santé, aux aides à domicile, aux ripeurs, aux services de sécurité, aux femmes de ménage, aux pompiers, aux livreurs, aux chauffeurs, aux ambulanciers, aux caissiers, aux smicards ; eux, que nous oublions chaque jour, mais qui, pourtant, se sont rendus au travail sans protection, mais avec la boule au ventre. Ce sont les fantassins de l'économie, ceux que le Président de la République, Emmanuel Macron, à une autre époque, appelait **les « sans-grade »**, ceux dont les salaires sont les plus faibles.

PRÉAMBULE

Cette incompétence de nos gouvernants à laquelle nous avons assisté au cours de la pandémie, ces mensonges, je les connais. Grâce, notamment, à mes actions auprès des personnes à la rue, celles que nous appelons hypocritement, en France, *SDF*. En effet, depuis 2010, je tente de trouver des solutions pour ces personnes abandonnées à leur sort. Vous qui commencez la lecture de cet ouvrage, savez-vous que, au-delà de l'aspect humain, sortir immédiatement une personne de la rue coûterait moins cher à l'État ?

Réfléchissons : une personne à la rue a un impact financier important sur la société : elle se rend aux urgences, au centre médico-psychologique, en prison, dans des structures d'hébergement temporaire, elle mobilise des services publics : pompiers, policiers, SAMU social… La rue est une prison et un combat quotidien inhumain, et après y avoir passé quelques années, il est impossible à ces personnes de s'en sortir sans séquelles.

Pourtant, en France, malgré l'envoi d'un manifeste transmis au chef de l'État, Emmanuel Macron, et à de nombreux élus, aucune réaction suivie d'effets. Pire ! Certaines structures associatives ferment les yeux, préfèrent poursuivre l'assistanat plutôt que la recherche immédiate de solutions. Imaginez si les maraudes s'arrêtaient par manque de personnes se retrouvant sans domicile, certaines structures associatives perdraient leurs entrées financières. Alors on préfère assister et entretenir cette misère.

Vous pouvez vous interroger sur le lien qui est fait en début de cet ouvrage qui doit traiter de la COVID-19, avec les personnes SDF ? Ce lien est que la prise en charge par l'État pour gérer la situation des personnes à la rue ou cette crise sanitaire reste la même, aussi archaïque, incompétente, et aussi désastreuse, sans projet à long terme, guidée par des conseillers orgueilleux qui n'y connaissent rien, mais se disent experts. Où place-t-on l'humain dans tout cela ?

Je le dénonce depuis des années : la misère est à nos portes.

Mais, « après la pluie, le beau temps », dit un célèbre proverbe. Alors je tente de garder espoir, même si je suis conscient que cette période de la COVID-19 aura endeuillé et fait passer dans la précarité de nombreuses personnes.

Face à ce désastre que nous vivons, je ressens colère et incompréhension.

Je ne peux que reprendre un passage sur un texte de « Charlie Hebdo », du 27 mars 2020, texte tellement réaliste dans son intégralité :

« La France vit des heures de désillusion aussi profonde que celles qu'elle avait connues en mai 1940. La France pensait avoir le meilleur système de santé du monde, comme elle était convaincue d'avoir la meilleure armée du monde en 1940. Et puis, sous nos yeux, tout s'est effondré à une vitesse inimaginable. On se demandait pourquoi la France avait manqué d'avions efficaces, d'armements modernes comme des chars d'assaut, et pourquoi les soldats portaient encore des bandes molletières alors que les soldats allemands avaient des bottes en cuir. »

PRÉSENTATION

Avant de poursuivre, je souhaite signaler aux lecteurs que je n'ai aucune connaissance des risques viraux et des pandémies.

Je ne souhaite pas ressembler à certains médias ; en effet, lors de la crise, nous n'avons jamais vu autant de journalistes parler de science ni jamais vu autant de journalistes dire autant de stupidités. Impatients de confirmer leurs impressions, certains ne prenant même pas le temps d'interroger des spécialistes, chacun y va de son analyse et/ou du copier-coller des confrères. L'objectif est d'alimenter le plus rapidement les réseaux sociaux pour gagner en audimat, la qualité n'étant plus une des priorités des grands groupes, mais plutôt l'audimat, qui rapporte, et beaucoup pour certains.

Pour ma part, j'ai un parcours et une expérience de terrain acquise qui, je pense, me permettent de disposer d'un peu de bon sens.

L'objectif de ces premières lignes n'est pas d'étaler mon parcours, il est simplement d'effectuer un petit rappel dédié aux représentants de l'État qui ont mis volontairement des bâtons dans les roues de l'organisation que je dirigeais lors de la pandémie (COVID-19).

Je suis sapeur-pompier depuis l'âge de 16 ans, entré à la BSPP/UISC1 à 18 ans et devenu sapeur-pompier professionnel à l'âge de 20 ans. Je suis intervenu sur mes premières grandes catastrophes à 18 ans, lors du séisme survenu en 1988 en Arménie, et des inondations à Nîmes.

J'ai créé, en 1999, une ONG de sapeurs-pompiers, le Groupe de secours catastrophe français, je suis formateur dans les domaines de l'humanitaire et de la gestion de crise, mais aussi intervenant auprès de l'École nationale supérieure des officiers de sapeurs-pompiers (ENSOSP) dans le cadre des risques naturels.

Depuis 1999, je suis intervenu sur la majorité des grandes catastrophes dans le monde. Notre ONG est la seule organisation internationale à avoir localisé et sauvé deux personnes lors du séisme au Népal, en 2015.

Je suis également auteur de plusieurs ouvrages :

- *Sauveteurs de la dernière chance*, éd. 2 Encres, 2003
- *Séismes et autres catastrophes : sommes-nous préparés ?* éd. 2 Encres, 2005

- *26 décembre 2004, Tsunami, le jour où la mer a tué*, éd. 2 Encres, 2005
- *Un monde plus juste pour demain… c'est possible, le sais-tu ?*, éditions Henry
- *L'avenir, quel devenir ? L'homme face aux catastrophes naturelles*, éd. 2 Encres, 2010
- *Si vous saviez ! La rue, une réalité*, éd. 2 Encres, 2014

LES VIRUS

L'histoire de l'humanité offre de nombreux exemples de la rencontre des hommes avec des pathologies infectieuses, rencontre aux conséquences parfois très graves lorsque le contact entre les hommes et un (nouveau) virus entraîne la contamination d'une population qui n'a jamais encore été exposée à cette souche et est ainsi dépourvue de toute immunité.

On pense aux grandes pestes du Moyen Âge qui ont vidé les villes de leurs populations et fait régresser la civilisation urbaine. On pense au choléra qui, partant quelques siècles plus tôt du delta du Gange, a atteint à la fin du XIXe siècle toutes les grandes villes de l'époque, Londres, Paris ou New York. On pense aussi à la grippe espagnole qui a fait plus de morts au début du XXe siècle que la Première Guerre mondiale. On pense également à la grippe asiatique et celle de Hong Kong, très peu médiatisées à l'époque, qui ont causé la mort de dizaines de milliers de personnes dans l'Hexagone en 1957 et 1968.

Diverses maladies liées à des agents pathogènes (virus, bactéries, parasites, champignons microscopiques, mycotoxines, algues, prions, etc.) peuvent affecter les plantes et les animaux, et parfois se transmettre à l'homme.

Elles peuvent avoir des conséquences graves sur l'économie ou même la santé humaine. Si l'émergence ou la résurgence de maladies ne sont pas des phénomènes nouveaux, l'amplitude géographique, la vitesse de diffusion et la gravité des maladies posent aujourd'hui des questions et des enjeux nouveaux.

Prendre conscience de la menace que font peser les catastrophes sanitaires est un premier pas pour anticiper les mesures qu'il faudrait appliquer afin d'éviter le scénario du pire, à savoir des centaines de millions de morts dans les grandes mégalopoles de par le monde.

Encore faut-il prendre conscience de cela. Sauf erreur, nous en sommes très loin.

COVID-19

Le coronavirus 2019, ou la COVID-19, est une maladie infectieuse émergente de type zoonose virale causée par une souche de coronavirus appelée SARS-CoV-2.

Les symptômes les plus fréquents en sont la fièvre, la toux et la gêne respiratoire, voire un syndrome de détresse respiratoire aiguë pouvant entraîner la mort.

La maladie apparaît en novembre 2019 à Wuhan, en Chine centrale, avec des cas inhabituels de pneumopathie justifiant de sévères mesures de confinement en janvier 2020.

En mars 2020, l'épidémie est requalifiée en pandémie par l'Organisation mondiale de la santé (OMS). L'OMS qui attendra janvier pour commencer à réagir.

La pandémie de COVID-19 se propage rapidement dans de nombreux autres pays qui prennent à
leur tour des mesures de confinement, provoquant
des fermetures de frontières.

Arrivée en Europe et premières négligences

Les trois premiers cas connus de coronavirus
en Europe ont été enregistrés fin janvier 2020 en
France. Ces trois personnes avaient séjourné en
Chine, il s'agit donc de cas importés. Deux d'entre
elles, un homme et sa fille, tous les deux de nationa-
lité chinoise, ont été hospitalisées à l'hôpital Bichat
à Paris. L'homme, âgé de 80 ans, est décédé le 14
février 2020 d'une grave infection pulmonaire.

Il s'agit de la première victime du coronavirus en
France.

Des études et des témoignages tendent à montrer
que la propagation du virus dans l'Hexagone aurait
commencé à la fin de l'année 2019.

Une autre hypothèse de la diffusion possible de
la COVID-19 dans l'Hexagone mène du côté de l'armée française, plus précisément aux jeux mondiaux
militaires d'été. Cette compétition internationale a
eu lieu du 18 au 27 octobre 2019 en Chine, à Wuhan,
l'épicentre de la pandémie de COVID-19.

Plusieurs sportifs ayant participé aux JMME
rapportent avoir souffert de symptômes similaires à
ceux de la COVID-19. Parmi eux, un nageur luxem-
bourgeois a raconté que deux de ses coéquipiers
étaient tombés malades au cours des JMME. Et

un militaire français a affirmé avoir contracté des symptômes pouvant s'apparenter à la COVID-19.

C'est finalement le témoignage de la championne du monde de pentathlon moderne qui a braqué les projecteurs sur cette compétition à Wuhan, compétition autour de laquelle les autorités françaises sont restées bien silencieuses.

En Italie, la pandémie de COVID-19 se propage à partir de la fin du mois de janvier 2020.

Ceci n'empêchera pas le maintien, le 19 février 2020, du match de la Ligue des champions Atalanta Bergame-Valence CF, à Milan, événement qui a pu être un détonateur majeur de l'épidémie dans le nord de l'Italie. Le foot, à la vie à la mort.

CHRONOLOGIE D'UN NAUFRAGE

Avez-vous une estimation de votre valeur, ou combien coûtez-vous ? Ainsi je vous invite à réfléchir au prix d'une vie.

Combien vaut votre vie ?

La question ne se pose pas seulement lors de débats plus ou moins philosophiques. Cette question a été étudiée dans le cadre de la prévention routière. Même si cette étude cynique est contestée elle existe. En France, une vie humaine est estimée à trois millions d'euros (issu d'un rapport intitulé *« Éléments de révision sur la valeur de la vie humaine »*.

Un exemple : en abaissant la vitesse à 30 km/h autour d'une école, on fait baisser le taux de mortalité, mais on perd aussi du temps, et donc de l'argent. Fixer un prix sur la vie permet alors d'estimer, économiquement, les gains qui seront tirés de cette décision par rapport aux pertes qu'elle induit.

Pour faire encore plus simple, voire caricatural, imaginons que la construction d'un terre-plein central sur une route à double sens, estimée à

10 millions d'euros, permette de sauver des vies. Le chiffre de trois millions d'euros intervient alors pour déterminer à partir de combien de morts évités le projet devient rentable.

Ce sujet est abordé afin de mieux vous faire comprendre le choix des décisions prises par les pouvoirs publics, leurs mensonges, leurs tromperies, au mépris de vos vies. Fixer un prix sur la vie permet d'estimer les gains ou les pertes économiques qui seront tirés d'une décision.

Pour ma part, nos vies valent plus que n'importe quels bénéfices ou profits. Ne vaut-il pas mieux, dans un pays de droits avec des valeurs morales, la mise en place de solidarité et d'entraide que la compétition et la concurrence ? Néanmoins, le cynisme de ce gouvernement et l'aveuglement pour le pouvoir et l'économie montrent que nos vies n'ont eu aucune valeur à leurs yeux.

CHRONOLOGIE

17 novembre 2019 : Le premier cas signalé est un patient de 55 ans tombé malade en Chine.

31 décembre 2019 : La commission sanitaire municipale de Wuhan (Chine) signale un groupe de cas de pneumonie à Wuhan, dans la province du Hubei. Un nouveau coronavirus sera ensuite identifié.

L'Organisation mondiale de la santé (OMS) est officiellement informée de la survenue de nombreux cas d'une pneumonie d'origine inconnue dans la ville de Wuhan.

1er janvier 2020 : L'OMS met sur pied une équipe d'appui à la gestion des incidents (IMST) aux trois niveaux de l'Organisation : siège, bureaux régionaux et bureaux de pays, plaçant l'Organisation en état d'urgence pour affronter la flambée.

5 janvier 2020 : L'OMS publie son premier bulletin consacré au nouveau virus, sur les flambées épidémiques. Il s'agit d'une publication technique phare, tant pour les milieux scientifiques et de la santé publique, que pour les médias du monde entier. Elle comporte une évaluation des risques et des conseils, et se fait l'écho de ce que la Chine a indiqué à l'Organisation concernant l'état de santé des patients et la riposte mise en place en matière de santé publique face au nombre de cas de pneumonie à Wuhan.

6 janvier 2020 : Les centres pour le contrôle et la prévention des maladies des États-Unis (US CDC) communiquent sur les risques d'une épidémie.

Pendant ce temps, en France, une première alerte est donnée auprès des plus hautes instances sur une pénurie de masques.

Petit rappel : il y avait en France, jusqu'en 2012, des plans et des procédures sur des risques de pandémie. Le Sénat a même réalisé un rapport d'information : « ***Les nouvelles menaces des maladies infectieuses émergentes*** », *Rapport d'information n° 638 (2011-2012) de Mme Fabienne Keller, fait au nom de la Délégation à la prospective, déposé le 5 juillet 2012.*

Sous le quinquennat de François Hollande, les stocks stratégiques de masques sont liquidés, surtout les FFP2.

Ainsi, la première des stratégies gouvernementales sera de mentir sur les masques.

Nous aurions pu croire à des oublis, des manquements, des erreurs dans la gestion publique des masques de protection contre le coronavirus. C'est pire, il y a eu mensonge.

« Sur les stocks, je ne ferai pas le procès de mes prédécesseurs, même si parfois ce serait plus facile », déclare Emmanuel Macron le 16 avril 2020 au journal « Le Point », visiblement peu enclin à assumer seul la responsabilité du manque d'équipements sanitaires, et notamment de masques, face à la crise du coronavirus. Seulement, le directeur général de la Santé, Jérôme Salomon avait reçu dès 2018 une note l'informant que le stock d'État de masques était en grande partie périmé et insuffisant. En mai 2019, l'agence Santé publique France publiait un avis de médecins experts réclamant la constitution d'un stock d'un milliard de masques.

Spectateurs impuissants, nous assisterons à un florilège gouvernemental de mensonges et de défausses pour instiller le doute sur une vérité pourtant limpide et admise dans le monde entier : le masque protège d'une contagion par voie respiratoire. À l'aide d'explications et d'illustrations extrêmement simples, la plupart des Français avaient compris que le masque était bien le geste barrière le plus efficace.

Ainsi, le 25 mars, Sibeth Ndiaye, la porte-parole du gouvernement, indiquait que « le président de la République n'est pas muni d'un masque, tout simplement parce qu'il n'y a pas besoin d'un masque quand on respecte la distance de protection vis-à-vis des autres ». Mais le jour même, Emmanuel Macron, en visite à l'hôpital de campagne de Mulhouse, apparaissait avec un masque FFP2 sur le visage.

La logique, dans un monde merveilleux, aurait été d'informer le peuple tout en mobilisant les industriels et l'ensemble des Français pour la fabrication de masques. Ceci aurait permis avec plus de 2 mois d'avance de disposer de millions de masques et de permettre à chaque personne sur le territoire national de disposer d'une protection et peut-être ainsi éviter un confinement aussi long.

Mais qu'à cela ne tienne, après les mensonges, l'infantilisation a été menée à son paroxysme : on a donc tenté de nous faire croire que le masque n'était utile que pour les soignants, puisqu'ils étaient en contact direct avec les porteurs de virus, faisant fi de tout bon sens. Et pour mieux nous faire oublier le masque, son usage ne fut jamais incorporé aux gestes barrières pourtant martelés avec constance.

Le masque inutile, mais pas pour tout le monde.

C'est le cas d'Airbus, par exemple, qui a continué à fournir des masques FFP2 à ses salariés, alors même que les soignants affrontaient le virus sans protection.

J'invoque Airbus, mais d'autres groupes industriels ont conservé leurs masques et ont pu sans problème se réapprovisionner. Une vie humaine compte moins que l'économie, preuve avec la décision du 1er février.

Fin janvier, la direction générale de la Santé

demande alors à l'agence Santé publique France d'acheter 1,1 million de masques FFP2.

Mais face aux besoins accrus, la commande passe finalement à 28,4 millions de masques. Sans succès. L'agence Santé publique France reçoit seulement 500 000 masques. Cet échec serait dû à la forte demande internationale et aux procédures de marchés publics inadaptées à l'urgence sanitaire. Pourtant, les estimations du ministère de la Santé sont bien supérieures : il faudrait 175 millions de masques FFP2 sur la base d'une épidémie de trois mois.

10 janvier 2020 : L'OMS publie en ligne un ensemble complet d'orientations techniques ainsi que des conseils à l'attention de tous les pays, sur la manière de détecter, de dépister et de prendre en charge les cas potentiels, sur la base de ce que l'on sait du virus à ce moment-là.

11 janvier 2020 : En Chine, 41 personnes souffrent d'une forme provisoirement déterminée de coronavirus. Deux personnes ont déjà quitté l'hôpital, sept sont en état critique, et une est décédée.

12 janvier 2020 : La Chine communique publiquement la séquence génétique du virus de la COVID-19.

13 janvier 2020 : Thaïlande, premier cas de la COVID-19 signalé hors de Chine.

14 janvier 2020 : La responsable technique de l'OMS

pour la riposte au virus de la COVID-19 indique lors d'un point presse qu'il a pu y avoir une transmission interhumaine limitée du coronavirus (dans les 41 cas confirmés), principalement entre membres d'une même famille, et qu'il existe un risque d'épidémie de grande ampleur.

21 janvier 2020 : Madame Buzyn, ministre de la Santé disposant de l'avis de grands experts, les meilleurs, je suppose, déclare : « *Le risque d'importation depuis Wuhan est quasi nul, le risque de propagation du coronavirus dans la population est très faible.* »

22-23 janvier 2020 : Le Directeur général de l'OMS convoque un comité d'urgence au titre du Règlement sanitaire international (RSI 2005) pour déterminer si la flambée constitue une urgence de santé publique de portée internationale. Les membres indépendants venus du monde entier qui composent le comité d'urgence ne parviennent pas à un consensus sur la base des données disponibles à ce moment-là. Ils demandent la convocation d'une nouvelle réunion du comité dans un délai de 10 jours.

22 janvier 2020 : Sur *BFM TV*, le professeur Salomon, directeur général de la Santé, indique que porter un masque et éviter les contacts permet de diminuer le risque de contagion.

23 janvier 2020 : Mise en place d'un confinement total dans la ville de Wuhan.

24 janvier 2020 : Le ministère de la Santé indique sur Twitter : « *Si vous devez sortir ou aller travailler, vous pouvez porter un masque chirurgical (en vente en pharmacie), cela réduit la diffusion des microbes.* »

Trois personnes atteintes par le coronavirus, en France, les trois premiers cas en Europe, bien avant l'Italie.

La Chine s'engage à construire en 10 jours un hôpital destiné à accueillir un millier de patients victimes du nouveau coronavirus.

26 janvier 2020 : Face aux micros et aux caméras, Agnès Buzin, qui est encore ministre des Solidarités et de la Santé, se veut rassurante : selon elle, il n'y aura pas de pénurie de masques en cas d'épidémie du virus COVID-19 sur le sol français. Ainsi nous voici rassurés grâce aux propos d'Agnès Buzin, alors que la France vient d'enregistrer ses premiers cas de CO-VID-19. Pas de pénurie, et pourtant, le lendemain, une première commande de masques est passée par le ministère.

Un mois plus tard, le **4 mars 2020**, le président de la République, Emmanuel Macron, annonce que l'État réquisitionne « *tous les stocks et la production de masques de protection* » pour les distribuer aux soignants et aux personnes atteintes du coronavirus.

29 janvier 2020 : « *Le monde entier doit être en alerte maintenant, le monde entier doit agir et être prêt pour tous les cas qui vont survenir, soit en provenance de l'épi-*

centre d'origine, soit d'autres épicentres dès qu'ils seront confirmés. » - Propos de Michael Ryan, chef des réponses d'urgence de l'OMS.

30 janvier 2020 : Le Directeur général de l'OMS convoque à nouveau le comité d'urgence, soit, avant la fin du délai de dix jours et deux jours seulement après les premiers signalements de transmission interhumaine limitée hors de Chine.

Cette fois, le comité d'urgence parvient à un consensus et considère, dans l'avis qu'il transmet au Directeur général, que la flambée constitue une urgence de santé publique internationale (USPPI). Le Directeur général accepte cet avis et déclare que la flambée du nouveau coronavirus (20019-nCoV) constitue une USPPI (urgence de santé publique de portée internationale). Depuis l'entrée en vigueur du Règlement sanitaire international (RSI) en 2005, c'est la sixième fois que l'OMS déclare une USPPI.

31 janvier 2020 : La conseillère Santé du président de la République depuis le début du quinquennat, Marie Fontanel, quitte l'Élysée alors que l'OMS vient de déclarer *« l'urgence de santé publique de portée internationale »*. Elle sera remplacée un mois plus tard.

Cette vacance de poste interroge de nouveau sur la gestion de la crise sanitaire par le pouvoir au moment où la menace pandémique se profile déjà.

Un départ pour aller faire la campagne de son Strasbourgeois de mari qui a une chance sérieuse de devenir le futur maire de la capitale alsacienne, sous, bien entendu, l'étiquette « En Marche ». Après l'économie, le pouvoir prime avant l'humain.

1ᵉʳ février 2020 : Tous les pays de l'espace Schengen suspendent les visas pour la Chine, sauf un pays, la France, ceci pour ne pas froisser nos relations avec la Chine. Ainsi, l'économie passe avant le risque de perte de vies humaines.

14 février 2020 : Premier décès en France du coronavirus, mais aussi en Europe. Le premier décès n'est pas en Italie, mais en France.

16 février 2020 : Agnès Buzyn quitte son poste de ministre de la Santé pour se porter candidate, pour LREM, à la mairie de Paris. « Ça met une vraie candidature crédible face à Anne Hidalgo », dit-on à l'Élysée.

17 février 2020 : Comme la ministre de la Santé l'a évoqué, nous n'avons pas de risque en France, donc, sans crainte, plus de 2 500 fidèles évangéliques se rassemblent à Mulhouse. Ceci est peut-être le début de la propagation du virus en France.

Toujours aucune alerte, aucune protection et information aux Français.

18 février 2020 : Olivier Véran, fraîchement nommé ministre de la Santé, annonce *« la France est prête »* ; il n'a même *« pas besoin de le vérifier, parce que nous avons un système de santé extrêmement solide »*.

En effet, nous avons des personnels de santé solides, dévoués, solidaires, etc. Les mêmes qui, quelques semaines plus tôt, dans la rue, réclamaient des moyens pour exercer dignement leur métier. Néanmoins, notre système de santé n'est pas si solide que cela… Nous connaissons tous le manque de lits, le manque de personnel soignant, etc.

Alors, oui, solide, car le personnel de santé a été imaginatif, inventif, courageux, malgré le manque de masques, de blouses, de solution hydroalcoolique, de tests, de lits, etc., mais surtout de moyens, et qu'il a ainsi réussi, chaque jour, à sauver des vies.

16 au 24 février 2020 : Une mission conjointe OMS-Chine, qui se compose d'experts venant d'Allemagne, du Canada, des États-Unis d'Amérique (CDC, NIH), du Japon, du Nigéria, de République de Corée, de Russie et de Singapour, séjourne à Beijing et se rend également à Wuhan et dans deux autres villes.

En découle un rapport que vous pouvez retrouver sur Internet : www.who.int/docs/default-source/coronaviruse/who-china-joint-mission-on-covid-19-final-report.pdf

En voici certains extraits qui nous interpellent :

Page 5 - *L'analyse du séquençage du génome entier de 104 souches du virus COVID-19 isolées de patients dans différentes localités avec apparition des symptômes entre la fin décembre 2019 et la mi-février 2020 a montré une homologie de 99,9%, sans mutation significative.*

<u>Page 21</u> - *Pour les pays dans lesquels des cas et/ou des flambées de COVID-19 ont été importés :*

1. *Activer immédiatement le plus haut niveau de protocoles nationaux de gestion des interventions pour garantir une approche pangouvernementale et de la société entière nécessaire pour contenir le COVID-19 avec des produits non pharmaceutiques mesures de santé publique ;*
2. *Accorder la priorité à la recherche active et exhaustive des cas et aux tests et isolements immédiats, à la recherche minutieuse des contacts et à la mise en quarantaine rigoureuse des contacts étroits ;*
3. *Sensibiliser pleinement le grand public à la gravité du COVID-19 et à son rôle dans la prévention de sa propagation ;*
4. *Étendre immédiatement la surveillance pour détecter les chaînes de transmission du COVID-19 en testant tous les patients atteints de pneumonies atypiques, en effectuant un dépistage chez certains patients souffrant de maladies des voies respiratoires supérieures et/ou d'une exposition récente au COVID-19, et en ajoutant des tests pour le virus COVID-19 aux systèmes de surveillance existants (par exemple, les systèmes de type grippal et SARI) ;*

<u>Page 22</u> - Concernant le public :
Commencez dès maintenant à adopter et à pratiquer rigoureusement les mesures préventives les plus importantes pour COVID-19 en vous lavant fréquemment les mains et en vous couvrant toujours la bouche et le nez (en clair, porter des masques).

<u>Page 23</u> - Pour la communauté internationale :
Reconnaître qu'une véritable solidarité et collaboration

sont essentielles entre les nations pour faire face à la menace commune que COVID-19 représente, et opérationnaliser ce principe.

Entre le 16 et le 24 février 2020, un rapport est diffusé :

<u>Page 5</u> - Le virus est connu, donc la faisabilité de créer en urgence des tests. Rien n'est réalisé.

<u>Page 21</u> - Des consignes pour les pays dans lesquels des cas de COVID-19 ont été importés, où il est clairement précisé d'activer immédiatement le plus haut niveau de protocoles nationaux de gestion des interventions… Malgré une importation en France et un premier décès le 14 février 2020, rien n'est réalisé. Pire, on maintient des salons, comme celui de l'agriculture, et on se gargarise devant les médias en invoquant que nous, Gaulois, nous ne risquons rien, nous sommes préparés.

<u>Page 22</u> - Prendre immédiatement des mesures et informer. Rien ne sera réalisé, preuve avec la suite des événements.

<u>Page 23</u> - Reconnaître qu'une véritable solidarité et collaboration sont essentielles entre les nations…

Les premiers jours de l'arrivée de la COVID-19, notre belle Europe, si solidaire et donneuse de leçons, est restée spectatrice de cette spectaculaire crise sanitaire. C'est le chacun pour soi qui l'a emporté jusque-là. L'Italie, épicentre européen de l'épidémie, a été abandonnée à elle-même, l'Allemagne et la France allant jusqu'à interdire l'exportation de matériel médical de protection, au mépris de toute solidarité.

22 février 2020 : Malgré les demandes de protection, le salon de l'agriculture ouvre ses portes ; celui-ci sera finalement écourté d'une journée.

24 février 2020 : « Le Figaro » publie un article de Damien Mascret : « *Coronavirus : pourquoi la France fait partie des pays les mieux préparés à une pandémie ?* »

Extrait : « *Il n'y a plus, en France, de malades du COVID-19, a annoncé, lundi, le ministre de la Santé, Olivier Véran. Ce qui n'empêche pas notre pays de se préparer à l'éventualité d'une épidémie. Et, si les préparatifs se sont intensifiés, ils ne datent pas d'aujourd'hui. En octobre 2019, un rapport d'experts indépendants portant sur l'état de préparation aux épidémies de l'Hexagone était plutôt rassurant.* »

25 février 2020 : Je trouve inadmissible le maintien du match de football à Lyon, le faisant savoir sur les réseaux sociaux.

26 février 2020 : Cinq nouveaux cas sont déclarés en France.

26 février 2020 : *Foot Lyon* dominait avec brio la *Juventus Turin*, laissant venir 3 000 supporters d'Italie, une erreur totalement inacceptable qui montre la déconnexion de certains experts et conseillers de nos dirigeants.

26 février 2020 : Un homme de 60 ans décède, infecté par le coronavirus. Celui-ci est enseignant, originaire de Vaumoise (Oise) où il était également conseiller municipal.

27 février 2020 : Point de presse Coronavirus du gouvernement qui nous affirme que notre système de santé est prêt, nous sommes en réaction, car nous sommes depuis des mois dans l'anticipation.

« Vous pouvez compter sur moi. L'inverse reste à prouver », lance le Dr François Salachas à Emmanuel Macron lorsque ce dernier rend visite au personnel soignant de l'hôpital parisien de la Pitié-Salpêtrière.

28 février 2020 : Mise en place du stade 2 de l'épidémie, affirme le ministre de la Santé, qui recommande « d'éviter les poignées de mains ».

29 février 2020 : Lors du Conseil des ministres exceptionnel du 29 février convoqué pour traiter de l'épidémie de COVID-19, le gouvernement annonce précipitamment le recours au 49.3 de la Constitution pour mettre un terme aux débats de l'Assemblée nationale sur le projet de réforme des retraites.

Dans le même temps, Olivier Véran annonce que « tous les rassemblements de plus de 5 000 personnes en milieu confiné » sont désormais annulés dans l'ensemble du pays.

2 mars 2020 : Le Directeur général de l'OMS, lors du point presse sur la COVID-19, communique les éléments suivants :

« Nous sommes en terre inconnue. C'est la première fois que nous avons affaire à un agent pathogène qui peut se transmettre dans la communauté, mais qu'il est également possible d'endiguer en prenant les mesures voulues.

S'il s'agissait d'une épidémie de grippe, nous nous serions attendus à une transmission communautaire généralisée dans le monde entier, dont il aurait été impossible de ralentir ou d'endiguer la progression.

Mais l'endiguement de la COVID-19 est possible et doit rester la priorité absolue de tous les pays.

S'ils prennent des mesures énergiques sans tarder, les pays peuvent enrayer la transmission et sauver des vies. »

3 mars 2020 : L'OMS diffuse le Plan stratégique de préparation et de riposte de la communauté internationale pour aider à protéger les États où les systèmes de santé sont fragiles.

4 mars 2020 : Sur *France Inter*, la porte-parole du gouvernement, Sibeth Ndiaye, explique que pour l'instant, au stade 2, il s'agit de freiner la propagation du virus par des mesures individuelles. Ce qui explique les mises en quatorzaine, les confinements. *« On sait que les enfants sont très peu atteints par le virus parce qu'ils ont une immunité qui leur permet de mieux y résister, mais on sait qu'ils peuvent potentiellement être porteurs »*, explique la porte-parole. C'est pour cette raison que l'on ferme les écoles, *« on ferme* *quand on a des cas regroupés sur un territoire, mais on ne va pas fermer toutes les écoles de France. »* Quand l'épidémie sera sur l'ensemble du territoire, la stratégie changera. Elle rappelle, par ailleurs, que *« la grippe, chaque année en France, atteint entre 2,5 à 3 millions de personnes ; aujourd'hui, nous avons un peu plus de 200 personnes atteintes du coronavirus. »*

Les recommandations de l'OMS du mois de février, mais aussi du 2 mars, sont occultées, laissant se propager le virus sur le territoire français avec des mesurettes.

6 mars 2020 : Le président de la République, Emmanuel Macron, et son épouse se rendent au théâtre pour inciter les Français à ne pas modifier leurs habitudes de sortie. Inconscience sidérante et hallucinante, aucun mot pour cela. Ce même jour, à 15 h 00, Jérôme Salomon, directeur général de la Santé annonce 613 cas confirmés.

Le lendemain, le bilan passera à 16 morts et 949 cas de coronavirus confirmés, soit 336 de plus que vendredi 6 mars au soir. « La vie continue. Il n'y a aucune raison, mis à part pour les populations fragilisées, de modifier nos habitudes de sortie », a pourtant déclaré le président de la République.

8 mars 2020 : Début de la course cycliste Paris-Nice qui sera écourtée.

11 mars 2020 : Profondément préoccupée à la fois par les niveaux alarmants de propagation et de sévérité de la maladie, l'OMS estime que la COVID-19 peut être qualifiée de pandémie.

Le directeur de la Santé, Jérôme Salomon, demande de ne pas porter de masque. Les masques sont uniquement pour les malades, pour les transports sanitaires, pour les secours aux personnes et pour les soignants. Il n'a surement pas lu le rapport de l'OMS.

13 mars 2020 : Le Premier ministre Édouard Philippe prend un décret de réquisition des stocks et de la production de masques jusqu'au 31 mai 2020.

14 mars 2020 : Via les réseaux sociaux, j'invite les personnes à ne pas aller voter, et diffuse ce message : *« Silence, on tue. Des élections à haut risque demain. En France, combien vaut la vie d'un citoyen ? »*

L'aveuglement se poursuit. Le gouvernement ferme les écoles, mais invite les électeurs à aller voter. Soit, plus de 20 millions de personnes qui sont invitées à se rendre aux urnes.

15 mars 2020 : Le gouvernement maintient le premier tour des élections malgré les risques de transmission du virus. Une situation inédite, dans un contexte de crise sanitaire liée à l'épidémie de coronavirus, qui fait passer aux élus reconduits l'envie de fêter leur succès et les contraint à entamer leur mandat dans l'incertitude la plus complète.

Combien d'élus, d'assesseurs, citoyens, sont morts et ont été porteurs de la COVID-19 ? Une mascarade honteuse dénuée de bon sens.

16 mars 2020 : *« Nous sommes en guerre. »* À six reprises, Emmanuel Macron a utilisé la même expression. Un ton martial visant à sonner la *« mobilisation générale »* contre un *« ennemi (…) invisible, insaisissable »*, lors d'une allocution solennelle de vingt et une minutes, lundi 16 mars à 20 heures.

Nous aurions peut-être préféré qu'il déclare :

« Une bataille pour la vie commence et j'en appelle à la solidarité de chacun, j'en appelle au soutien de chacun, etc. », en conseillant des mesures. Voilà ce que j'aurais aimé entendre d'un chef, voilà ce que j'aurais dit.

17 mars 2020 : L'interdiction de sortir de chez soi rentre en vigueur, sauf si vous faites du sport. Et pour ceux qui travaillent en dehors des hôpitaux, pas de masques. De toute façon, la France n'en a plus et le message reste clair : « cela ne sert à rien si vous gardez vos distances. »

Le chef de l'État nous a assignés à résidence sans trop d'explications, sans que nous puissions donner notre avis. Comment pouvons-nous confiner des millions d'habitants dans un pays sans leur donner les moyens de comprendre si les choix sont justes ou non ? Nous écoutons un homme seul, qui décide seul sans nous dire comment il a décidé. Un mode de dialogue totalement archaïque, où nous sommes citoyens pris au piège et infantilisés.

19 mars 2020 : Une circulaire ministérielle suggère de limiter fortement l'admission en réanimation des personnes les plus fragiles, par souci d'éviter l'acharnement thérapeutique et le manque de lits pour les plus jeunes. Source du *Canard Enchaîné* qui met en lumière un document ministériel daté du 19 mars qui « suggérait de limiter fortement l'admission en réanimation des personnes les plus fragiles ». Et de poursuivre : « *Motivé par le souci de nombreux médecins d'éviter l'acharnement thérapeutique et les souffrances inutiles comme par la crainte de manquer de lits pour les malades plus jeunes, ce conseil semble avoir été appliqué de manière un peu trop systématique.* »

Cela confirme tout à fait ce que des millions de Français ont vu, c'est-à-dire des décisions que je trouve absolument ahurissantes et indignes de notre pays, où, à un moment donné, on n'envoie plus les personnes âgées à l'hôpital.

3 avril 2020 : Un message transmis aux milieux hospitaliers par le ministère de la Santé et le Centre de crise sanitaire précise ce que doit être l'usage de chaque modèle de respirateur dans la crise de COVID-19. Dans la liste des appareils pouvant être utilisés pour traiter des patients malades, l'Osiris 3 n'apparaît que dans la cinquième catégorie, la toute dernière. Il n'est jugé utile que dans les cas de transports les plus simples, mais pas pour une salle de réanimation où sont traités les malades à risques.

Un respirateur inadapté : sur les 10 000 respirateurs artificiels commandés par le gouvernement, 8 500 sont du type Osiris 3 ; ce modèle de respirateur est inadapté pour ventiler des patients atteints de COVID-19.

13 avril 2020 : Allocution du chef de l'État qui communique sur un début de déconfinement le 11 mai 2020 sans que nous sachions, encore une fois, pourquoi cette date et avec qui l'a-t-il décidée ? Ne sommes-nous pas en droit de comprendre ? Cerise sur le gâteau, les universités ne reprendront pas, néanmoins les plus petits pourront retourner à l'école. De nouveau, l'économie parle. L'objectif, vous l'avez compris, est que la majorité des parents reprenne le travail.

19 avril 2020 : Édouard Philippe tente d'expliquer en conférence de presse que l'État avait résolu ses problèmes d'approvisionnement en masques pour le personnel médical, FFP2 ou masques chirurgicaux.

Toutefois, ni le Premier ministre ni son ministre de la Santé, Olivier Veran, n'ont abordé le sujet de la qualité des masques qui arrivent en France. Ni cette question : comment les services de l'État s'assurent-ils que les équipements de protection qu'ils livrent aux personnels soignants sont bien conformes aux normes en vigueur ?

Pendant la crise, on ferme les yeux sur les normes ; en Chine, de nouveaux fabricants de masques fleurissent sur le marché et ils n'hésitent pas à falsifier des documents censés attester de la conformité de leurs masques. De nombreux organismes de certification ont émis **des alertes suite à la diffusion de faux certificats** de conformité à la norme « CE ».

2 mai 2020 : Pendant que les pharmacies comptent les masques à l'unité pour les médecins, les infirmiers, les kinésithérapeutes et l'ensemble des professionnels qui sont en première ligne, mais qu'elles ont l'interdiction de vente aux particuliers, y compris aux malades de la COVID-19, des millions de masques arrivent par miracle dans les grandes surfaces.

11 mai 2020 : Début du déconfinement progressif. Ce jour n'est sans doute pas le « fameux » jour d'après, mais juste un jour de plus où il faudra rester, toujours et encore, mobilisés pour l'avenir.

ACTIONS MISES EN PLACE PAR LE GSCF

25 février 2020 : Nous réalisons un premier point sur nos stocks de solution hydroalcoolique et de masques, notre objectif premier étant de soutenir les personnes à la rue, mais aussi les pays pauvres ou disposant d'une moins bonne prise en charge sur la santé et les protections lors d'une épidémie, que notre pays.

26 février 2020 : Début d'une première commande de masques et de solution hydroalcoolique (SHA), gants, lunettes, combinaisons jetables, ceci faisant suite à notre inventaire.

Au moment de nos commandes, jamais nous n'aurions pensé venir en aide à des centaines de personnes ni être confrontés à l'une des plus grandes opérations d'assistance du GSCF depuis sa création en 1999.

6 mars 2020 : Jour où le chef de l'État décide de se rendre au théâtre pour inciter les Français à ne pas modifier leurs habitudes de sortie. Face au risque de pandémie, nous organisons une réunion interne. Nous consolidons nos stocks disponibles toujours dans un objectif d'aider les personnes SDF et les pays pauvres.

7 mars 2020 : Assemblée générale extraordinaire prévue dans le cadre des modifications de nos statuts. Je suis stupéfait de l'insouciance du gouvernement face au risque qui arrive. Nous prenons des mesures urgentes pour augmenter nos stocks de solutions hydroalcooliques.

17 mars 2020 : Ouverture des portes pour l'enfer. Tout déraille, le confinement, la remontée d'informations d'un manque de masques pour les personnels soignants, de solution hydroalcoolique… tout ce qui peut protéger les personnels de santé manque.

FIRST DAY 17 mars

La réunion préparative réalisée 10 jours plus tôt nous permet de disposer d'une équipe prête pour apporter des masques, des combinaisons des gants, des solutions hydroalcooliques aux personnels de santé.

Nous voici confrontés à ce que nous n'avions jamais imaginé : des appels téléphoniques, des courriels, par centaines, mais surtout du désespoir, de la tristesse, de la peur et des pleurs, certains emails où nous pouvons lire « help, au secours, aidez-moi », etc. Ces messages viennent souvent de cabinets médicaux, infirmiers libéraux, etc.

Deuxième jour

Des médecins, des infirmiers, des pharmaciens, mais aussi des aides à domicile, des mairies, des kinés, des policiers, des médias… nous appellent à l'aide.

Face à la situation que nous pensons passagère, nous répondons présents en protections totales (masques, gants, solutions hydroalcooliques, etc.) aux personnels de santé et aux personnels soignants des EHPAD.

Pour les collectivités (ambulanciers, policiers…), nous offrons des solutions hydroalcooliques.

Très vite, nous sommes sollicités sur l'ensemble de la France. Nous allons être à court de solutions hydroalcooliques (SHA), de masques chirurgicaux et de masques FFP2.

Nous repassons des commandes ; les prix sur les produits ont flambé ! Certains profitent de la crise. Toute guerre a ses profiteurs. Néanmoins, face à la détresse des soignants, nous poursuivons nos achats.

Nous disposons d'un stock de plus de 25 000 masques, nos commandes de SHA passées au mois de février en Allemagne commencent à arriver.

La crise que nous pensions temporaire s'installe, les jours se suivent et se ressemblent, des heures à répondre aux messages, aux appels, à emballer des colis, à chercher des fournisseurs pour trouver des protections pour les soignants…

Nous passons très vite aux dons avec l'aide de deux véhicules par jour qui offrent les solutions hydroalcooliques, les masques, les gants… à cinq véhicules et des dizaines de colis qui partent de nos bureaux pour répondre aux demandes qui émanent de la France.

Nous sommes contactés par Anne Roumanoff qui souhaite venir en aide aux personnels de santé via sa page Facebook. Ne disposant d'aucun matériel, elle nous adresse des demandes et appels au secours émanant des soignants. Nous répondons présents. À l'issue d'un bref remerciement sur sa page Facebook, elle décide de créer sa propre structure associative et lance son propre appel aux dons.

Pour le GSCF, les demandes augmentent causant la baisse de nos fonds propres.

QUAND L'ÉTAT DE DROIT EST BAFOUÉ

Les soutiens sont réalisés sur l'ensemble de la France, y compris sur l'Ile de beauté. Notre ONG ayant son siège à Villeneuve d'Ascq dans le Nord, et exerçant professionnellement dans le département 62, les médias relaient nos actions de soutien.

C'est ainsi que Monsieur le Préfet du Pas-de-Calais sera informé de nos actions. Dans un monde normal, et étant dans un pays qui prône les Droits de l'Homme, nous devrions être soutenus et félicités. Malheureusement, le premier appel de la préfecture que je reçois ne sera pas un appel des plus chaleureux.

Le correspondant de la préfecture qui me contacte me demande d'arrêter immédiatement mes actions de soutien auprès des personnels soignants et de fournir l'ensemble des masques a l'ARS.

J'argumente sur ce premier appel reçu et je refuse d'arrêter l'aide précieuse que nous apportons aux soignants, ainsi que d'offrir les masques à l'ARS.

Néanmoins, je m'explique sur ce refus, espérant que le bon sens l'emportera. J'explique que nous effectuons un soutien auprès des personnels de santé démunis de masques, et les besoins sont importants.
Nous soutenons également les personnels soignants pour les personnes âgées, les EHPAD, etc. Pour rappel, les masques FFP2 sont les seuls qui protègent du virus quand les masques chirurgicaux permettent seulement de limiter la contagion par quelqu'un qui serait déjà infecté.

J'informe également mon interlocuteur que nous avons des demandes émanant des hôpitaux et qu'ils seront aidés. Pour conclure, je rappelle que nous sommes une ONG et indépendants.

Mon argumentation s'appuie sur l'humain, la protection, pour permettre à des soignants d'être protégés, mais aussi de protéger dans une situation totalement dégradée. Leur permettre d'être rassurés et surtout leur éviter d'être un vecteur de propagation du virus auprès des personnes qu'ils soignent, tout en protégeant leurs proches quand ils rentrent chez eux.

À la suite de ce premier échange, je suis convaincu que la logique l'emportera et que nous en resterons là.

Notre objectif est très clair : répondre présent en circuit court aussi bien pour l'ensemble des personnels de santé, notamment les médecins et infirmiers libéraux oubliés de cette crise. Mais aussi répondre présent auprès des EHPAD, des personnels d'aide à domicile, etc., totalement abandonnés sans aucun matériel de protection.

Un échange se crée également avec le Conseil général du Pas-de-Calais, pour répondre aux besoins des soignants et à la recherche de masques et de solutions hydroalcooliques. Le GSCF offrira 10 960 masques au département du Pas-de-Calais, ainsi que des solutions hydroalcooliques.

Le manque de bon sens est le pire fléau de l'humanité et je vais m'en apercevoir.

Je suis informé que mon employeur a été contacté par le Préfet mécontent de notre action de soutien pour les masques auprès des soignants.

Tenter de solliciter un Président d'une ONG pour qu'il arrête ses actions en passant par son employeur… sachant que les actions qu'il mène sont en dehors de son temps de travail dans un cadre associatif. Je suis à même de me poser la question si cela ne s'apparente pas à une tentative d'intimidation. Du moins, cela y ressemble.

Ainsi, un des directeurs de cabinet du Préfet, toujours du département du Pas-de-Calais, ayant envie de récupérer des masques, me contactera à plusieurs reprises pour me demander d'arrêter nos dons et m'informer que notre structure n'a aucune autorisation pour circuler !

Depuis 1999, je dirige le GSCF. Je suis intervenu dans de nombreux pays potentiellement à risques (Pakistan, Birmanie, Liban pendant la guerre, etc.). Jamais je n'avais connu une pression comme celle vécue en ce printemps 2020, lors de cette pandémie, avec des insinuations d'inutilité de notre organisation, en France.

Néanmoins, je souhaite rappeler, avant de revenir sur les masques, qu'en 2002, lors des inondations à Prague, la France était très heureuse de faire appel au GSCF, présent en République tchèque pour sauver l'Ambassade de France qui prenait l'eau. Sans notre intervention très rapide et entièrement financée par notre organisation, l'ambassade et la France auraient perdu un très gros patrimoine (propos de l'ambassadeur à Prague, à l'époque).

Heureuse, la France, de disposer d'une équipe ! Et elle le fera savoir avec l'ouragan Katrina, en 2005. Heureuse, également, que nous puissions fournir de l'eau pendant la guerre du Liban, en 2006, mais aussi que notre équipe soit l'une des seules organisations internationales à sauver deux victimes des décombres lors du séisme au Népal, en 2015.

Cette pression, totalement inutile, d'une préfecture, pour réparer une incompétence de l'État est gravissime. Ou l'état de droit n'est plus… Pire ! Cela a contribué à ralentir nos soutiens au détriment des soignants, y compris sur l'ensemble de la France.

Ce que nous avons vécu n'est pas un cas isolé. Certains géants de l'industrie, de Michelin, PSA, en passant par Airbus et Dassault, fournissent plus de masques FFP2 à leurs salariés que l'État n'en donne aux soignants. Ceci reste difficile à entendre et la contradiction est ainsi difficile à assumer pour le gouvernement alors que la France compte ses morts et que les soignants, les plus exposés au virus, n'ont pas les moyens de se protéger.

UN MANQUE DE BONS SENS

Les réquisitions de l'État comme l'interdiction d'acheter des masques a empêché des pharmacies, des collectivités, des associations, à se fournir et ainsi privé des milliers de soignants à disposer de protection.

En effet, si la réquisition de masques est indispensable auprès de société à l'arrêt, pour les donner aux personnels exposés aux risques, interdire des structures – quelles qu'elles soient (structures, entreprises qui disposent de réseaux dans le monde pour importer des masques afin de les offrir aux personnels de santé ou à ceux qui sont au contact des populations) – de se fournir en masques, est une aberration. Pire, cette politique a contribué à aggraver la situation et à augmenter les contaminations. C'est simplement du bon sens, bon sens qui a fait défaut aux conseillers de l'État.

Des situations ubuesques, il y en a eu des centaines en France. Ainsi, cette entreprise de Haute-

Vienne qui pouvait fournir un million de masques grâce à des contacts en Chine et qui a été bloquée par l'État français.

Ainsi, le masque a servi de révélateur des maux d'une technocratie à la fois omniprésente et impotente, incapable de faire sauter ses verrous réglementaires face à l'urgence sanitaire et poussant l'infantilisation à son paroxysme et à la dérision.

Afin de poursuivre nos dons de SHA, nous avons, sur demande de la Préfecture du 62, fourni 4 000 masques à l'ARS.

La poursuite de nos actions sur l'ensemble du territoire français a permis d'aider des milliers de personnes, plus de 40 000 masques offerts, plus de 4 000 litres de solutions hydroalcooliques, plus de 4 000 flacons de SHA, des centaines de tenues de protection, des lunettes, surchaussures, deux respirateurs, des milliers de gants…

L'EUROPE

Il me semble utile d'aborder, en quelques lignes, la fin d'un rêve, celui de l'Europe que l'on nous vantait si solidaire, si prometteuse et si juste entre pays de l'union.

Face à la pandémie, les 27 pays de l'UE ont choisi le *chacun pour soi*.

La superbureaucratie européenne à Bruxelles a tardé à aider l'Italie parce qu'elle était obsédée par les priorités économiques et financières qui en constituent l'essence.

Le repli de chaque état membre derrière ses frontières est plus que le symbole d'un sauve-qui-peut.

Pour exemple, la décision de fermer les frontières extérieures était une décision des gouvernements et pas de l'UE totalement décalée dans cette crise. Même chose pour la négociation de transferts de malades français pris en charge en Allemagne et/ou d'autres pays, des arrangements entre pays occultant l'Europe.

Sans oublier le dirigeant de la Hongrie, Viktor Orban, qui s'est attribué avec fracas les pleins pouvoirs au nom de la lutte contre la COVID-19. Un fracas qui contraste avec le silence complice de Bruxelles.

L'égoïsme de l'UE ou le ''un pour tous, tous pour un" si souvent promis et plaidé est devenu un chacun pour soi.

Pour l'essentiel, chaque pays a mené sa propre politique sanitaire et choisi ses mesures sans trop se préoccuper de ses voisins.

Il est urgent que l'Europe s'interroge sur son avenir et sa volonté d'agir lors de grandes catastrophes qui impactent plusieurs États, voire l'ensemble des États. Cette période d'incertitude que nous avons vécue sera riche d'enseignements et permettra de faire le point sur le devenir de l'UE.

ET MAINTENANT ?

Même si la situation risque de se reproduire, il est temps de terminer ce livre.

Je ne pense pas être un donneur de leçons, néanmoins, l'ouvrage vous permettra de répondre à certaines de vos questions, notamment celle-ci :

Le gouvernement français a-t-il été à la hauteur de la gestion de la crise ?

Il me semble judicieux de s'interroger et creuser un peu plus pour connaître la vérité :

- Quand l'État multiplie les déclarations absurdes et contradictoires,

- Quand l'État nous parle d'une petite grippe alors même qu'à notre frontière sud, l'Italie est durement frappée,

- Quand l'État nous abreuve de discours rassurants indiquant que l'épidémie est sous contrôle, avant de devoir avouer la gravité de la situation,

- Quand l'État prône pendant des semaines que

les masques ne servent à rien et qu'il les rend obligatoires à l'issue du confinement,

- Quand ce même État invoque qu'il n'y a aucune pénurie de masques…

Pour mémoire, ce n'est seulement qu'au début du mois de février, alors que la crise fait déjà rage en Chine, que le ministère de la Santé décide de ne commander qu'une petite quantité de masques. Un matériel qui mettra plusieurs semaines à arriver.

Pour remédier à ce premier loupé, l'État crée, début mars, une cellule interministérielle dédiée. Mais là encore, le bilan est chaotique, car en trois semaines elle n'obtient que 40 millions de masques, soit l'équivalent d'une semaine de consommation.

Face à cette incompétence, un décret est mis en place en date du 13 mars 2020, relatif **aux réquisitions nécessaires dans le cadre de la lutte contre le virus COVID-19.**

Pendant ce temps, le chef de l'État, accompagné de son épouse, se rend au Théâtre au début d'une épidémie avec pour objectif d'inviter les Français à ne rien changer de leurs habitudes alors que retentissent de la part de l'OMS des alertes de pandémie.

Concernant les tests, ce même président informe que *« nous n'allons pas tester tout le monde, ça ne sert à rien »*. Mais si cela ne sert à rien, pourquoi l'Allemagne le fait-elle ? Et, sauf erreur, l'Allemagne s'en sort beaucoup mieux que nous !

Nous avons, je le pense, des questions à nous poser et le besoin de connaître la vérité. Je suis stupéfait de constater l'incapacité dont fait preuve l'État pour reconnaître ses erreurs, ses faiblesses, ses impréparations et son manque de communication clair.

Emmanuel Macron aurait pu sortir de cette crise la tête haute en assumant la vérité sur les failles et les erreurs. Cela reste le contraire, il fait le choix de s'enfermer dans le mensonge idéologique qui lui a fait dire, dès le 12 mars, qu'il fallait « éviter le repli nationaliste » et que le virus « n'avait pas de frontières ». Pourtant, les pays qui ont eu le moins de victimes restent ceux qui ont immédiatement bouclé leurs entrées. Pour ma part, le nationalisme consiste à prendre soin de ses concitoyens, ce qui permettra ensuite de répondre présent au-delà de nos frontières.

Ce confinement, puis ce déconfinement, constituent une situation inédite. La nature exceptionnelle de cette pandémie, son universalité transnationale et sociale, fait qu'elle est révélatrice de dysfonctionnements, d'interrogations. Espérons au moins que nous puissions retrouver une humanité.

Pour ma part, comme évoqué au début de cet ouvrage, je suis en colère mais également triste. Les crises comme celle que nous venons de traverser sont toujours des moments de remise en question, de transformation à court terme et quelquefois à très long terme, et la situation que nous avons vécue ne sera pas, je le pense, une simple parenthèse dans l'histoire. L'événement n'est malheureusement pas terminé et aura des conséquences importantes sur notre avenir. De plus, dans les prochains mois, la crise sanitaire pourrait muter en crise alimentaire mondiale. Il existe en effet un risque de « pénurie alimentaire » sur le marché mondial à cause des perturbations liées au coronavirus dans le commerce international et les chaînes d'approvisionnement alimentaire.

Et en ce qui concerne le GSCF, nous devrons nous réinventer pour améliorer nos réponses. L'heure est au bilan et nos comptes sont au plus bas.

J'espère qu'un jour le bon sens l'emportera sur la gouvernance d'un État, même si je reste sceptique. Lorsque l'on élit une personne pour diriger à tout niveau, ne devrions-nous pas nous poser la question d'être certain que celui-ci a du bon sens en plus de son intelligence ? En effet, les connaissances doivent être en adéquation avec la réalité de la vie.

En tout état de cause, il nous faudra du temps et de la patience avant d'envisager un changement dans nos vies.

Jean-Paul Kogan-Recoing

*Président d'ONG Conseil France
et d'ONG Conseil International*

La crise du Covid-19 aura révélé en quelques semaines les carences profondes de l'État et de ses représentants. Elle aura cruellement mis à jour l'incompétence d'une Santé publique étouffée par son administration et ruinée par la faiblesse des moyens attribués à un personnel de santé compétent, dévoué, mais en sous-effectif depuis plusieurs décennies. Une situation construite par des gestionnaires éloignés de la réalité de la détresse humaine que côtoient les soignants quotidiennement.

Dans ce livre, Thierry Velu, Président fondateur des Pompiers Humanitaires du GSCF, fait émerger depuis son expérience du terrain le récit chronologique implacable de la gestion de cette crise, lui donnant des airs de Tchernobyl de la santé publique, car c'est bien l'absence de vérité et de transparence qui nous aura cruellement manqué tout au long de cette crise.

Le mensonge, l'infantilisation, l'incapacité à protéger les plus faibles. Mais parfois aussi, comble de l'imposture d'État, l'entrave faite aux ONG agissant efficacement sur le terrain. Une entrave cristallisant cette même volonté d'administrer, de régenter avec son cortège de petits chefs et de sous-chefs préfectoraux allant jusqu'à menacer, intimider ceux qui par leur humanité et leur courage s'étaient préparés à sauver des vies en prenant les risques que leur conscience exigeait qu'ils prennent.

Le livre de Thierry Velu est un cri d'alarme, une voix qui s'élève pour faire valoir l'engagement sincère, la compétence, le bon sens, mais surtout cette humanité dont nous avons tous besoin pour affronter un XXIe siècle qui sera d'autant plus menaçant que nous ne saurons pas être solidaires.

Dans cette crise, les Pompiers humanitaires du GSCF auront tout donné, tout dépensé pour sauver des vies. Ses caisses sont vides certes, mais c'est tout à l'honneur de cette ONG créée il y a 20 ans par un homme passionné et entier plaçant l'action authentiquement humanitaire au centre de ses valeurs.

Pio-François de Leuze

Médecin, spécialisé dans l'auriculothérapie

La France peut être fière de sa devise qui met en valeur la « Fraternité ». C'est à ce noble idéal que se donnent Thierry Velu et le GSCF pour aider, secourir et sauver autrui. C'est dans la détresse qu'on reconnaît ses vrais amis. C'est précisément là que le GSCF agit.

Oui, le passage du Coronavirus sur la France et à travers le monde laisse bien des interrogations et des désillusions. Source de retrouvailles, de ressourcement ou de repos pour les uns, il a tout autant entraîné des personnes, des familles et des entreprises dans l'impasse, le désarroi et le chagrin.

La déception du peuple français face aux incohérences et aux contradictions répétées dans la gestion de cette crise sanitaire n'est pas de nature à relever le moral national. De plus, en raison des divergences scientifiques du monde médical, le doute s'est installé quant à la fiabilité des traitements. Toutes les catégories sociales et professionnelles sont plongées dans la perplexité. Les études se contredisent, les masques se volatilisent, les cliniques privées sont vides, les médias parlent de tout sans rien connaître et tournent en boucle sur le COVID-19, les pouvoirs en place prennent des décisions à l'opposé de ce qu'ils ont affirmé la veille, bref, le citoyen asservi à ses journaux télévisés en perd la tête.

Malgré toute cette cacophonie, le GSCF a continué à se battre pour venir en aide aux personnes en difficulté. À se battre également contre ceux qui devraient les soutenir ! « Le monde est dangereux à vivre, disait Albert Einstein, non pas à cause de ceux qui commettent le mal, mais à cause de ceux qui laissent faire ». Le mérite de Thierry Velu est de ne pas laisser faire, mais de dénoncer tous les manquements dans une crise qui exige bon sens, réactivité, compétences et professionnalisme.

Il est urgent de voir se lever une forte solidarité au sein du monde de la santé, médical et paramédical, avec tous les organismes du secourisme sous toutes ses formes.

L'anxiété et le mal-être sont grandissants au sein de nos sociétés soumises à la dictature du rendement, de la performance, des apparences et de la consommation. Il est utile de signaler ici, à la lumière des découvertes des neurosciences, qu'un « cerveau dépressif » aura une action « dépressogène » sur l'immunité.

Il y a tout un axe psycho-neuro-endocrino-immunitaire dont le fonctionnement fluctuera au gré de notre vie émotionnelle et affective. C'est dire toutes les répercussions de notre mental sur la santé ! Et donc, que dire lorsqu'un confinement interdit de prendre de bonnes bouffées d'oxygène en forêt ou d'aller embrasser son père mourant, comme cela est arrivé ?

C'est pourquoi des techniques telles que l'auriculothérapie, l'acupuncture, l'hypnose médicale ou la sophrologie ont toutes leur place pour soutenir le moral des « troupes » immunitaires. De même, la phytothérapie, l'aromathérapie, la nutrition et la micronutrition se verront être de précieuses alliées pour renforcer nos défenses.

Le Coronavirus SARS-CoV-2 peut provoquer des conséquences dramatiques sur la santé d'une personne, mais l'organisme possède des armes immunitaires puissantes qui peuvent être stimulées efficacement par les approches citées précédemment. La peur du virus n'arrange rien et dans une certaine mesure, elle peut affaiblir notre réactivité physiologique de contre attaque.

Quant au masque… A-t-on interdit les relations sexuelles sous prétexte qu'il y a des maladies sexuellement transmissibles ? Non, il est conseillé de mettre un préservatif en cas de relations incertaines. Eh bien, le masque est tout simplement le préservatif de la bouche. Il permet de se préserver et de préserver l'autre. Il est la première barrière de protection à mettre de toute urgence en cas d'épidémie par un agent infectieux potentiellement mortel. L'absence de bon sens a fait perdre cela de vue chez les technocrates de la santé.

Ainsi, un bon masque distribué en temps voulu, un confinement raisonnable et des renforts immunitaires d'origine nutritionnelle et psychologique pourront davantage faire obstacle à l'ennemi dont la détection doit être la plus rapide et performante possible.

Ce que dénonce Thierry Velu est la triste réalité. Ne perdons cependant pas de vue tous les acteurs dévoués du monde médical et paramédical, ainsi que d'innombrables actions spontanées jaillies du dévouement populaire pour traverser cette crise. Si dans les hautes instances du pouvoir les sages doivent affronter les chevaliers noirs de la haute finance, il n'est pas toujours facile aux « décideurs » d'y voir très clair ! Alors un grand merci au GSCF et à son président pour le noble combat qu'ils mènent ensemble au service de la vérité et du secours de la vie quand elle est en détresse. C'est cela la Fraternité telle que nous l'enseigne la prestigieuse devise de la République Française…

Daniel Fasquelle

Député du Pas de Calais

Ce que nous vivons en cette année 2020 est sans précédent : une grave crise sanitaire avec une pandémie inédite qui a endolori des familles, créé des tensions au sein de notre système de santé, doublée d'une crise économique dont on peut d'ores et déjà constater les conséquences désastreuses pour la plupart des secteurs de notre économie française.

Sur le plan humain, j'ai une pensée pour les familles touchées par la maladie et pour beaucoup d'entre elles endeuillées, pour tous ceux qui se sont retrouvés éloignés de leurs proches sans pouvoir les réconforter, pour les personnes isolées dans les EHPAD et structures d'accueil, pour tous ceux qui ont pu vivre le confinement dans des conditions parfois difficiles ou précaires

Sur le plan sanitaire, je remercie nos équipes médicales qui, en première ligne, ont fait preuve d'un professionnalisme et d'un dévouement extraordinaire face à un virus implacable et des conditions de travail extrêmement difficiles, parfois surréalistes : manque de masques, de protection, d'informations...

À la tension générée par la gravité d'un virus dont on ne sait presque rien, se sont ajoutées des difficultés à exercer un métier, une vocation. Cette crise a exacerbé des carences revendiquées depuis plusieurs mois déjà par le monde médical. Notre système de santé a besoin d'une profonde réforme et d'une revalorisation de ses acteurs à la hauteur de leur dévouement.

Je remercie aussi tous les travailleurs sociaux, les aides à domicile, tous ceux qui interviennent au quotidien pour aider les plus fragiles... pour qui, là aussi, les conditions de travail ont été très difficiles. Ils n'ont rien lâché malgré leur mise en danger permanente.

Sur le plan économique, nous avons pu compter sur des acteurs essentiels qui ont su assurer la continuité d'une vie presque normale pour pouvoir permettre à chacun d'acquérir les produits de première nécessité.

Malheureusement, la grande majorité de nos entreprises ont dû cesser ou ralentir fortement leur activité, la plupart de nos commerçants, artisans sont restés porte close, les professions libérales n'ont pu exercer... avec des manques à gagner dont on ressent déjà les premiers signes en terme de fermeture d'établissement, de licenciements ou de non-renouvellement de contrats, et donc de chômage.

Dès le début de la crise, en ma qualité de Député du Pas-de-Calais, je me suis engagé auprès de tous ceux qui en avaient le plus besoin pour les aider à traverser cette épreuve. Avec l'opération « 10 000 masques pour le Montreuillois », j'ai pu doter tous ceux qui étaient le plus en contact, dans les entreprises et les commerces, grâce à un solide réseau de couturières et l'imprimerie AprimHenry que je tiens sincèrement à remercier. L'urgence était de permettre à tous ceux dont l'activité était essentielle, de continuer à travailler en toute sécurité. Dans un contexte scandaleux de pénurie de masques, je suis fier d'avoir pu contribuer à créer une véritable chaîne de solidarité au sein de ma circonscription.

La présence à nos côtés, au cœur de la crise, de Thierry Velu et des sapeurs-pompiers du Groupe de Secours Catastrophe Français a été essentielle pour trouver des solutions pour les infirmières, les ADMR... un grand merci à eux pour leur soutien et leur disponibilité !

Aux côtés des acteurs économiques locaux, mon engagement a également été total pour leur permettre de traverser du mieux possible cette crise sanitaire. En faisant remonter à Paris, leurs interrogations et leurs inquiétudes, en défendant à l'Assemblée Nationale des amendements essentiels au maintien de leur activité et en les accompagnant dans leurs démarches administratives.

C'est une véritable course contre la montre qui s'est engagée avec le COVID-19 : contre le virus et la propagation de la pandémie, contre l'incapacité de l'État à protéger les Français en ne fournissant pas les masques dès les premiers instants, contre ces manquements évidents dans l'anticipation d'une crise d'une telle ampleur, et aujourd'hui contre les effets irréversibles sur notre économie et nos emplois.

Jean Lassalle

Député des Pyrénées-Atlantiques
Président du mouvement Résistons !

Le COVID-19 s'est abattu sur le monde et sur notre pays. Il suscite chez nous le même état de sidération que l'effondrement de nos armées en moins de trois semaines, en mai 1940. Nous avons soudainement pris conscience que nos élites étaient complètement dépassées et nos soignants totalement démunis. Nous avons dû nous contenter de recourir aux mêmes « gestes barrières » que nos aînés lors de la grippe espagnole, à défaut de mieux.

La France, sixième pays le plus riche du monde, qui s'est longtemps enorgueillie de son système de santé, se réveille abasourdie et compte ses morts. Jamais les banderoles des soignants, qui manifestaient la semaine d'avant contre les coupes budgétaires, n'auront été aussi prémonitoires. Les mêmes qui avaient jeté leurs blouses, en geste de protestation contre l'exécutif et pour alerter sur leurs conditions de travail, sont repartis au front sans munitions… Sans masques, sans blouses, sans médicaments…

À la lecture de ce remarquable ouvrage, mes premières pensées vont à l'ensemble du personnel soignant et à tous ceux qui ont continué à assurer par leur travail le fonctionnement et le ravitaillement de notre pays. Je m'incline devant l'engagement des praticiens, quel que soit leur niveau, qui, au bord de l'épuisement, combattent jour et nuit pour anticiper et sauver nos vies. Je ressens la souffrance de ceux qui sont atteints et de ceux qui se battent à cette heure-ci contre la mort. Je partage la peine de leurs familles et de leurs proches. Je comprends profondément l'anxiété et la peur de ceux qui craignent d'être contaminés à leur tour. Une fois de plus, je suis impressionné par le formidable sursaut de courage, de solidarité et d'unité nationale de notre grand pays.

La situation dans laquelle nous nous sommes retrouvés n'est nullement le fruit du hasard ou « à pas de chance ». Elle est le résultat de ces dernières décennies, des démissions des élites. *Qui a vu l'Homme a abandonné l'Homme.* Nous avons, jour après jour, démantelé les services de proximité et abandonné la Recherche. Nous nous sommes, de fait, retrouvés aussi démunis qu'au Moyen Âge.

Depuis la chute du mur de Berlin, le capitalisme le plus féroce s'est abattu sur notre modèle qui est redevenu système, stoppant ainsi sa montée en civilisation. Un capitalisme sans précédent et la spéculation financière ont une fois encore repris le pouvoir. Ils ont réduit l'espace politique à un théâtre d'ombres. Ils ont transformé nos très hauts fonctionnaires en courroies de transmission uniquement dévolues au service de l'argent pour l'argent. Nos représentants locaux de l'État, nos Préfets, bien sûr, et l'ensemble de nos services publics incarnant la République se sont retrouvés dans un premier temps abandonnés de tous. Ils ont déconsidéré et désarmé nos maires et la quasi-totalité de nos corps intermédiaires. L'immense majorité de la presse et des sondeurs d'opinions désormais aux mains de la ploutocratie se sont vus contraints de raconter n'importe quoi et de se livrer à une vaste opération de bourrage de crâne.

Nous n'avons eu de cesse d'amoindrir et de fermer nos établissements de santé malgré l'opposition unanime des acteurs de terrain. Nous avons vu le résultat. Mais où était donc le matériel pour effectuer des tests ? Les solutions hydroalcooliques ? Les masques ? Les vaccins ?...

Avec cette crise, nous avons découvert que nous n'étions qu'un colosse au pied d'argile et que nous n'avions aucune sécurité. Allons-nous faire de nouveau comme avec les Gilets jaunes, avec les réunions du Président avec quelques maires en tenue de gala, sans aucune conclusion sur les travaux menés ? Ou alors allons-nous reprendre notre destin en main avec une relance énergique de la Recherche couplée à la prise en compte de la formidable expertise de nos soignants et de l'ensemble des hommes et femmes de terrain qui, par leur expérience, ont permis à notre pays de tenir debout ? Sinon, qu'adviendra-t-il de nous si une nouvelle crise du même ordre venait à nous frapper de nouveau ?

DÉPÔT LÉGAL
Juin 2020

Imprimé par Books on Demand GmbH, Norderstedt, Allemagne